Aigre doux

Wilfried N'Sondé

Aigre doux

Worterklärungen von
Laure Boivin

Ernst Klett Sprachen
Stuttgart

1. Auflage 1 [5 4 3] | 2025 24 23 22

www.klett-sprachen.de

Worterklärungen von Laure Boivin

Redaktion: Elena Bergmann
Layoutkonzeption: Elmar Feuerbach
Gestaltung und Satz: Satzkasten, Stuttgart
Umschlaggestaltung: Andreas Drabarek
Titelbild: Shutterstock (Jaromir Chalabala), New York
Bild Seite 62: © Lagattez
Druck und Bindung: Salzland Druck, Staßfurt, Germany

Printed in Germany

ISBN 978-3-12-592345-4

9 783125 923454

Table des matières

à Misia et Loukoula

Cette ombre qui là-bas ternit mon horizon… c'est la mienne !

1 **ternir** rendre sombre

Nous étions plusieurs, attroupés sur un banc à l'entrée du parc. Tout le monde parlait, moi je ne disais trop rien mais je me sentais bien. L'ambiance était plutôt légère, des sourires sur les lèvres.

Des blagues, des commentaires sur des sujets pas très importants.

Rien de particulier.

J'aimais bien être là tout près de toi, un peu à l'écart des autres, de tes amis que je ne connais pas beaucoup. Le temps coulait sans heurt, facile. Puis quelqu'un m'a demandé, *au fait, tu viens d'où, c'est quoi ton origine ?*

Sur le coup, ça a été violent, j'étais subitement sur la touche, à l'écart. Pourquoi personne ne s'intéresse pas plutôt à ma personnalité, à ce que j'aime, à ce qui me fait rire ou pleurer ? Je ne sais pas, le dernier film que j'ai vu, la musique qui me fait planer…

10 **à l'écart** abseits – 12 **un °heurt** *ici :* un conflit, une dispute, un problème – 16 **subitement** soudain – 16 **sur la touche** *sport* auf der Ersatzbank, *ici :* im Abseits – 21 **planer** *ici : fam* rêver

J'ai répondu quelque chose comme, *mon origine ? quoi, mon origine ! d'abord, qu'est-ce qui te fait croire que je ne suis pas d'ici ?*

Ça a jeté un froid. Quelques-uns ont hoché la tête, comme si je débloquais.

J'ai aperçu des yeux écarquillés, des doigts qui se tamponnaient les tempes.

Pour eux, j'étais complètement à côté de la plaque…

Quand d'autres se sont mis à ricaner dans mon dos, c'en était trop, et j'ai pris la fuite.

Je voulais partir loin d'eux, me libérer, avoir la paix. Me retrouver là où enfin il n'y aurait personne pour me regarder comme on s'intéresse à quelque chose d'exotique.

D'ordinaire, quand j'ai l'impression que tout le monde me dévisage,

5 **jeter un froid** *expr* mettre les gens mal à l'aise – 6 °**hocher la tête** den Kopf schütteln – 6 **débloquer** *ici : fam* spinnen – 7 **écarquillé** grand ouvert – 8 **tamponner** *ici :* abtupfen – 8 **la tempe** Schläfe – 9 **être à côté de la plaque** *fam* danebenliegen – 11 **ricaner** hämisch lachen – 19 **d'ordinaire** d'habitude – 20 **dévisager qn** observer qn

attendant quelque chose de moi, là tout de suite, une réponse, je perds mes moyens, bafouille, et me sens dos au mur. Pour me sortir du piège, je m'empresse d'inventer un truc au hasard, n'importe quoi pour donner le change. Le mieux, c'est une blague ; ça fait rire, au minimum sourire. Puis on me fiche la paix, pour un moment. Les autres regardent mon show de quelques secondes, passent à autre chose et m'oublient.

Mais là, la question – je me souviens surtout du *tu viens d'où ?* – m'a fait sortir de mes gonds ! Comme si je débarquais d'une autre planète, à des années-lumière de la leur. J'aurais dû répondre, *tu vois, mon adresse c'est juste là-bas près du centre commercial de l'autre côté du boulevard, quand tu tournes à*

2 **perdre ses moyens** *mpl* ganz aus der Fassung kommen – 3 **bafouiller** ≠ parler clairement – 4 **dos au mur** *fig* gedrängt – 4 **un piège** Falle – 9 **ficher la paix à qn** *fam* laisser qn tranquille – 14 **sortir de ses gonds** *mpl fig* s'énerver

gauche après le rond-point, c'est de là-bas que je viens… Ils auraient eu l'air malin !

Je n'ai pas voulu lâcher prise, c'était la fois de trop. J'ai piqué une crise.

Qu'on arrête de chercher d'abord du côté de mes parents ou de mes lointains ancêtres pour savoir qui je suis. Qu'est-ce que ça dit de soi, l'endroit où on est né ?

Regardez-moi, j'existe, ici et maintenant !

Au moins, toi, tu as fait un pas vers moi en essayant de me retenir. Tu as dit, *allez, le prends pas mal, c'est juste histoire de parler, d'engager la conversation, c'est pas méchant.*

Seulement, moi, ça fait trop longtemps qu'on me met à distance à cause de mes origines, alors que je fais ce que je peux pour exister par moi-même.

2 **avoir l'air malin** passer pour un idiot – 4 **lâcher prise** nachgeben

Des années que tout le monde la ramène sur des racines que je devrais avoir, en oubliant que j'ai des jambes comme tout le monde, avec lesquelles je m'efforce d'avancer…

Si seulement tu avais réalisé combien, chaque fois qu'elle revient à mes oreilles, cette interrogation me fragilise. Tu aurais compris que je perdais pied, et tout de suite tu aurais pris ma défense.

Je les ai tous envoyés promener… et malheureusement, toi avec. C'est triste, parce que jamais je n'ai voulu prendre le risque de te perdre.

Mais quand tu as dit, *là franchement t'exagères !* j'ai vu rouge et crié que tu étais comme eux, que tu n'y comprenais rien, qu'il fallait choisir entre eux et moi !

2 **la ramener** *fam* parler, tenir des grands discours – 9 **perdre pied** *expr* den Boden unter den Füßen verlieren – 12 **envoyer qn promener** *fam* jdn abwimmeln

Je sais, j'ai eu tort, mal réagi. Il ne faut pas m'en vouloir si j'ai retiré ton bras d'un geste brusque, avant de partir.

Il faut me pardonner, j'étais à bout, dans une rage folle, comme aveugle.

Sur le moment, j'étais incapable de réfléchir.

C'est dur à encaisser, toute cette agressivité qui me vient des autres sans même qu'ils s'en rendent compte. Elle me pollue l'existence, m'écorche à vif, m'isole.

J'ai besoin que tu me donnes une nouvelle chance.

Les minutes deviennent des heures à t'attendre sous la pluie qui commence à tomber. Mais pourquoi ce foutu téléphone ne sonne-t-il pas ? Allez, vibre enfin, juste une fois. Une éternité à espérer des mots, ne serait-ce qu'un

1 **avoir tort** ≠ avoir raison – 2 **en vouloir à qn** être fâché contre qn – 4 **être à bout** *fam* mit den Nerven am Ende sein – 8 **encaisser** *ici : fam* verkraften – 11 **polluer** *ici :* verderben – 11 **écorcher qn à vif** *fig* faire très mal à qn et le rendre *vulnérable* (verletzbar)

seul, un signe de toi pour me rassurer. J'ai si peur d'avoir tout gâché… définitivement.

Vérifier la connexion. Et si la batterie était à plat ? Non, tout va bien de ce côté-là.

Pourtant toujours rien… Mais qu'est-ce qu'il se passe dans ta tête ?

J'ai juste mal géré, ça s'est passé tellement vite. Tu sais, la maladresse est humaine, surtout quand le cœur et l'amour-propre sont blessés…

Je ne pensais pas vraiment ce que j'ai dit.

Mais ça a été si douloureux de me retrouver une fois de plus sur la touche, ça m'a fait mal. Alors j'ai craqué ! Si tu pouvais seulement oublier et revenir vers moi.

1 **rassurer qn** jdn beruhigen – 2 **gâcher** vermasseln, verpfuschen – 9 **gérer** *ici : fam* in den Griff bekommen – 10 **la maladresse** Ungeschicklichkeit – 12 **l'amour-propre** *m* Sebstwertgefühl – 17 **craquer** *ici :* die Nerven verlieren

Tu es la seule personne qui me prend et m'accepte comme je suis, avec mes rares qualités et mes nombreux défauts. Tu m'écoutes sans me juger, et tu me fais du bien.

Si je le pouvais, j'effacerais d'un coup de baguette magique ces paroles qui t'ont fait mal. Laisse-moi recoller les morceaux, t'expliquer tout ce qui se bouscule dans ma tête.

Malheureusement, c'est si confus que trouver les bons mots, je n'y arrive toujours pas. Je peine. C'est tout noir sur mon écran.

Si tu pouvais me donner le temps de rassembler mes idées, d'y mettre un peu d'ordre…

Tu sais, je souffre de devoir toujours me justifier, d'expliquer qui je suis, pourquoi je vis ici. Comme si j'étais

7 **une baguette magique** Zauberstab – 10 **se bousculer** sich drängeln – 13 **peiner** avoir du mal, avoir des difficultés

un imposteur qui a volé la place de quelqu'un d'autre.
Je n'ai jamais voulu déranger ou blesser qui que ce soit. Ils devraient tous le savoir, je suis toujours à vouloir aider, à rendre service. J'essaie presque tous les jours de faire les choses comme il faut, de soigner mon image !
Mais ça ne suffit jamais. À croire que ma manière d'être étonne, ou peut-être que c'est ma gueule qui intrigue.
Qu'est-ce qui cloche chez moi ?
À défaut de changer de peau, je pourrais peut-être mettre d'autres habits, avoir du style, comme on dit… le même que tout le monde, pour me fondre dans la masse. Devenir un vrai mouton et me bercer de l'illusion de choisir mes fringues, alors que la mode nous conditionne à l'absence d'originalité, à

1 **un imposteur** Betrüger – 11 **une gueule** *fam* visage – 11 **intriguer qn** jdn stutzig machen – 12 **qc cloche** *fam* qc ne va pas bien – 13 **à défaut de faire qc** comme je ne peux pas faire qc – 16 **se fondre** *ici :* disparaître – 18 **bercer** wiegen – 19 **les fringues** *fpl fam* les vêtements – 20 **conditionner qn à l'absence** *f* **d'originalité** *f* obliger qn à ne pas être original

ne rien inventer, à obéir… Accepter ce qui est imposé.

Faire semblant, copier, ne plus se faire remarquer, se conformer à la norme…

On me dirait, *eh salut, ça va ?*

Dis, t'assures !

J'aurais beau essayer, impossible, je n'y arriverais pas. Jamais je ne ressemblerai aux autres.

Ce que je suis vraiment ne saute pas aux yeux. Mon identité est enfouie, complexe. Pour la saisir, il faut prendre la peine de s'éloigner des lieux communs.

En même temps, c'est compliqué de regarder quelqu'un de prime abord de l'intérieur… C'est avant tout le corps qui capte l'attention, et je ne me plains pas lorsque des yeux, avec des pointes brillantes sur la rétine, s'arrêtent sur

2 **imposé** vorgegeben – 3 **faire semblant** faire comme si – 4 **se conformer à qc** sich an etw halten – 6 **assurer** *ici : fam* sich auskennen, wissen, wo es langgeht – 7 **avoir beau faire qc** même si on fait qc – 10 **sauter aux yeux** *mpl* auffallen – 11 **enfoui** caché – 12 **saisir** *ici :* comprendre – 12 **prendre la peine** faire l'effort – 13 **un lieu commun** une banalité – 16 **de prime abord** à la première rencontre – 18 **capter** attirer – 19 **une pointe** *ici :* un point – 20 **la rétine** Netzhaut

le mien avec insistance. Je me figure alors qu'ils le trouvent, pourquoi pas exceptionnel, allez, au moins attirant, ou juste à leur goût… malgré mes imperfections.

Ces détails pas top de mon enveloppe corporelle, tout un programme… Un vrai boulet. J'arrive parfois à en faire des blagues, à voix basse, quand il n'y a que toi pour entendre.

J'adore tes remarques sur mes formes, les parties de mon physique qui ne correspondent pas aux canons de la beauté. Tu m'aides à relativiser les choses, ça me détend et me fait sourire. Mais dès que c'est quelqu'un d'autre qui se moque de mes défauts, même si ça n'est pas méchant, je me vexe.

Non, en vérité, c'est pire que tout, ça me donne l'impression que la terre se

1 **avec insistance** *f* eindringlich, mit Nachdruck – 1 **se figurer** s'imaginer – 8 **un boulet** *ici : fam* Last – 18 **se vexer** sich beleidigt fühlen

dérobe sous mes pieds, que je ne vaux plus rien.

J'imagine un immense trou dans le sol où m'enfoncer, m'y enliser, et me soustraire à la vue des autres. Puis ça me met hors de moi et me donne l'envie de tout envoyer en l'air, en commençant par moi.

Pour toujours, rideau !

Grâce à toi, j'apprenais doucement à m'accepter, à ne plus attendre en vain un miracle qui me ferait ressembler aux gens de la télévision, avec leurs dents bien alignées, leurs lignes et courbes parfaites, sans trace de gras, le teint qu'il faut, jeunes pour l'éternité…

J'en suis à t'attendre sous la pluie, la peur au ventre, tellement j'espère d'autres occasions de partager ma solitude avec toi. De retrouver, grâce

1 **se dérober** *ici :* nachgeben – 1 **valoir qc** etw wert sein – 4 **s'enfoncer** einsinken – 4 **s'enliser** stecken bleiben – 5 **se soustraire à la vue** disparaître – 6 **mettre qn °hors de lui** rendre qn furieux – 7 **tout envoyer en l'air** *m fam* tout abandonner, **s'envoyer en l'air** *fam ici :* se suicider – 9 **un rideau** Vorhang, **rideau !** *image du monde du théâtre, on ferme le rideau quand tout est fini* – 11 **en vain** umsonst – 14 **une courbe** Kurve – 15 **le gras** Fett – 16 **pour l'éternité** *f* pour toujours

à ta présence, la sensation de ne plus crouler sous le poids de mes complexes. Tu m'aides à me tenir debout, et à croire que l'existence peut être belle et pétillante.

Faut pas trop demander, dit ma mère, *se contenter d'un peu c'est quand même mieux que rien… ne pas trop se montrer non plus.*

Elle m'agace avec ses principes de vie, sortis de je ne sais où, qu'elle me rabâche dix fois par jour. Mais comment je peux trouver ma propre voie si elle ne me laisse jamais penser par moi-même ? Impossible d'apprendre à faire mes choix si elle me tourne sans cesse autour, à systématiquement savoir mieux que moi comment faire, quand et quoi décider.

2 **crouler** zusammenbrechen – 5 **pétillant** *ici :* excitant – 7 **se contenter de qc** sich mit etw begnügen – 10 **agacer qn** énerver qn – 12 **rabâcher** *péj* répéter – 13 **une voie** Weg

Elle attend que je prenne des initiatives, que je me montre responsable… Comment ça marche ensemble ? Elle me rend dingue !

Parfois, je la sens enfermée dans une espèce de rôle de parent qu'elle joue très mal, où elle se sent obligée de m'expliquer toujours la même chose, de me commander… Elle fait semblant d'être sévère. Je m'entête, je n'arrête pas de la contredire ; jamais d'accord avec elle. C'est devenu presque une question de principe. Je la défie, sans arrêt.

Elle me fatigue, alors je préfère l'éviter, rester dans ma chambre. Sur mon lit, je rêve à vif, à des instants authentiques et forts.

Elle dit, *tu te prends pour qui pour réclamer des attentions particulières ?*

4 **dingue** *fam* fou – 10 **s'entêter** sich versteifen – 13 **défier qn** provoquer qn – 16 **à vif** *ici :* avec intensité *f* – 19 **réclamer** fordern – 19 **une attention** *ici :* Aufmerksamkeit

D'abord habille-toi normalement ! Pour elle, l'originalité c'est juste de la frime, un caprice pour se faire remarquer.

Elle a sans doute raison, à quoi ça sert, si c'est pour me retrouver sous la pluie qui ne s'arrête pas, sans personne à mes côtés ?

Je n'ai rien d'autre à faire que de regarder mon téléphone muet. J'attends. Je pense à des trucs en vrac pour passer le temps.

Aucun signe. Quand apparaîtras-tu au coin de la rue ?

Dis, viendras-tu me rejoindre ?

Heureusement que j'adore les jours gris comme celui-ci, avec une pluie fine, drue, bien serrée comme des barreaux de prison sous un ciel nuageux qui tamise la lumière. Rien de tel pour se dissimuler.

2 **la frime** *fam* Angeberei – 3 **un caprice** Laune – 9 **muet** *ici :* qui ne sonne pas – 10 **en vrac** *m* en désordre – 17 **dru** heftig – 19 **tamiser** *ici :* rendre moins fort – 19 **(Il n' y a) rien de tel** *loc* es gibt nichts besseres – 20 **se dissimuler** se cacher

Les jours d'intempérie, je deviens une ombre et je disparais. Je marche dans la rue comme on joue à cache-cache.

Les gens passent, pressés, les yeux braqués sur le sol mouillé. Personne ne me remarque, ne s'interroge sur qui je suis, d'où je viens… La paix royale. Et moi, je lève la tête, j'ouvre grand les yeux.

Pour me distraire, j'observe les flaques se former, j'écoute le flic floc des gouttes sur le goudron, je respire l'odeur chaude de la terre qui s'humidifie. Et en scrutant le ciel, je laisse l'eau perler sur mon visage.

Le monde entier m'oublie, je me sens enfin libre. Plus besoin de réfléchir aux réponses à donner, tant pis pour les questions débiles. Je respire à pleins poumons et m'évade un instant.

1 **une intempérie** le mauvais temps – 5 **braqué** fixé – 5 **mouillé** feucht – 10 **se distraire** se changer les idées – 10 **une flaque** Pfütze – 12 **une goutte** Tropfen – 12 **le goudron** l'asphalte – 14 **scruter** observer – 19 **débile** idiot – 20 **un poumon** Lunge – 20 **s'évader** s'échapper

Si je me cache, c'est parce que je n'aime pas ce que je vois dans le regard des autres, je ne m'y reconnais pas.
Chaque fois que quelqu'un m'interroge sur mes origines, en fait, il m'ampute de ma personnalité, en me résumant à des préjugés. Il m'enferme dans des clichés.
Comme si, moi, je représentais un ensemble vide, une erreur de casting…
C'est le début de la stigmatisation, de la méchanceté, du rejet. J'anticipe les index pointés sur moi, et les bouches qui disent, *rentre chez toi, t'es pas comme nous, à cause de toi, on n'est plus chez nous !*
Mais moi, j'ai vu le jour à la maternité à quelques kilomètres d'ici seulement, et depuis j'habite juste là, c'est vraiment pas loin…
Si ça se trouve, on est voisins !

7 **un préjugé** Vorurteil – 11 **le rejet** l'exclusion *f* (Ausschluss) – 11 **anticiper** *ici :* vorausahnen – 12 **un index** Zeigefinger – 16 **la maternité** *ici :* Entbindungsstation – 20 **si ça se trouve** peut-être

Jour de pluie, lumière grise, c'est la fête des silhouettes, la parade des absents, des pas-comme-les-autres, ceux qui dérangent, qu'on aimerait effacer.

Dans le terne et la bruine, je ne tremble pas, mon cœur ne sursaute pas. Et plus une miette de cette pâte dense et amère qui s'invite si souvent dans ma bouche, quand je sens que les autres me jugent, me dévisagent des cheveux jusqu'aux orteils. Sans rien comprendre de moi.

La foule, je la préfère aveugle, à distance, quand elle m'ignore. Je veux la paix, et le pouvoir de me rendre invisible…

J'attends désespérément ton appel.

Que la pluie cesse enfin de tomber, que le brouillard se dissipe et dévoile ta présence, là devant moi. Alors je

5 **le terne** das Eintönige – 5 **la bruine** une pluie très légère – 6 **plus une miette de qc** plus du tout de qc – 7 **une pâte** *ici :* Paste – 7 **dense** dicht – 7 **amer** bitter – 11 **un orteil** Zeh – 12 **aveugle** blind – 17 **cesser** arrêter – 18 **le brouillard** Nebel – 18 **se dissiper** disparaître – 18 **dévoiler** montrer

m'appuierai sur toi pour me redresser, pour me tenir debout, le torse bombé… Au moins jusqu'à ce soir.

J'appréhende le soir, surtout l'heure du dîner en tête à tête avec ma mère.

Ces moments de silence pesant, ponctués seulement par nos bruits de mastication et de fourchettes qui tintent sur l'assiette ; quand de l'autre côté de la table, maman, malgré mon air morose, me dit avec son sourire forcé de comme-si-j'étais-encore-un-bébé, *mais qu'est-ce qui te prend d'être de si bonne humeur aujourd'hui ? T'as quelqu'un ou quoi ?*

Incompréhension totale.

Je sais bien qu'elle fait des efforts, tout ce qu'elle peut pour briser la glace entre nous. Mais je ne peux pas m'empêcher de soupirer, de hausser les épaules,

2 **le torse bombé** die Brust herausgestreckt – 4 **appréhender qc** avoir peur de qc – 6 **pesant** bedrückend – 8 **la mastication** Kauen – 11 **morose** mélancolique, sombre – 20 **soupirer** seufzen – 20 °**hausser les épaules** mit den Schultern zucken

et de lui répondre un truc pas sympa, méchant même. Et j'insiste en roulant les yeux.

Elle se tait, je la vois rapetisser, devenir minuscule et, au fond de moi, très profond, là où ça tourne pas rond dans mon cerveau, je me sens vraiment mal. Ma honte accentue mon agressivité.

Ça ne me fait pas plaisir de la voir s'écraser, rapetisser, au bord des larmes. Pourtant, je ne sais pas faire autrement.

À force d'être la cible du regard des autres, de me sentir constamment aux abois, sur la défensive, j'en viens à attaquer en retour, au hasard. À blesser même ceux qui m'aiment, qui me tendent la main.

Dès que ma mère ouvre la bouche, elle m'énerve. Le son de sa voix m'irrite, c'est devenu physique,

4 **rapetisser** devenir plus petit – 8 **accentuer** *ici :* rendre plus fort – 10 **s'écraser** *ici :* sich klein machen – 13 **constamment** toujours – 14 **être aux abois** *mpl expr* in Bedrängdnis sein

viscéral. Pourtant c'est l'une des rares personnes qui me veulent du bien, quand beaucoup me trouvent bizarre, insupportable.

À table, maman et moi nous taisons, on mange en évitant de croiser nos regards. Il y a toujours comme un malaise, une absence.

Une famille, ça commence à deux amoureux, ça ne devrait pas finir à deux personnes qui s'évitent et s'épient du coin de l'œil.

Nous sommes le résultat d'une tentative ratée, les restes d'un espoir perdu.

Une famille monoparentale, de celles qu'il faut aider avant qu'elles ne sombrent.

De ce point de vue-là aussi je suis à côté de la plaque, pas comme il faut. Et pour

1 **viscéral** tiefsitzend – 11 **s'épier** sich heimlich beobachten – 13 **une tentative** un essai – 14 **raté** ≠ réussi – 17 **sombrer** untergehen – 18 **être à côté de la plaque** *fam* daneben liegen –

couronner le tout, d'origine étrangère, habitant un quartier sensible.

Je n'ai jamais compris ce que ça voulait dire. Sensible à quoi ? Des mots comme des crachats au visage qui nous rabaissent, des termes qui ne servent qu'à exclure.

Et si quelqu'un me demandait, ne serait-ce qu'une fois, ce que j'en pense ? Je dessinerais une chaise vide entre maman et moi, pour que chacun se rende compte que l'absence qui nous éloigne, c'est mon père qui a mis les voiles. Emportant avec lui l'origine qu'il m'a pourtant laissée, mais seulement comme une trace bien visible sur mon corps. Un point d'interrogation, mais aucune réponse derrière.

Mon père est parti, je n'ai jamais su pourquoi. C'est fou comment le

1 **pour couronner le tout** zu allem Überfluss – 2 **sensible** *ici :* à problèmes – 5 **un crachat** Spucke – 6 **rabaisser** erniedrigen – 7 **exclure** ausschließen – 13 **éloigner** entfernen – 13 **mettre les voiles** *fpl fig* partir

manque peut occuper une place aussi grande, un abîme qui risque un jour de m'emporter. Une carence.

J'aurais aimé en savoir plus sur cette origine, des détails, des précisions.

Je tourne ces réflexions en boucle dans ma tête et oublie maman qui s'épuise à entrer en contact avec moi.

Elle rame puis, quand elle en a assez, qu'elle n'en peut plus, elle explose subitement dans une déflagration de colère !

Si elle savait seulement que moi non plus je n'y comprends pas grand-chose à mes réactions.

Elle crie, *je veux juste que tu ne fasses pas de bêtises, que tu aies de bonnes notes à l'école... Range ta chambre enfin, tu me pousses à bout...*

2 **un abîme** Abgrund, Kluft – 3 **une carence** Mangel – 6 **en boucle** *f* encore et encore – 7 **s'épuiser** sich erschöpfen – 9 **ramer** *ici : fam* sich einen abquälen – 11 **une déflagration** Verpuffung – 19 **pousser qn à bout** mettre qn en colère

Même si elle m'exaspère, j'ai une peur bleue de la décevoir. Surtout pour le lycée.

Là où on essaie de me conditionner comme un robot, à réussir à tout prix.

La perspective de connaître l'échec scolaire me stresse. Je panique à l'idée de me retrouver face à ma mère et de devoir lui expliquer pourquoi j'aurais tout raté.

Et elle de me rabâcher pour la millième fois, *faut préparer ton futur dès maintenant !* J'ai beau lui répondre que déjà mes projets pour ce week-end sont flous, alors le futur… Rien n'y fait, elle continue !

Je n'ai pas d'idées claires quant à mon avenir professionnel. Plus tard, je souhaite juste un travail qui me plaît, un logement pas trop petit, mais

1 **exaspérer qn** énerver qn – 1 **une peur bleue** *fam* une très grande peur – 4 **conditionner** konditionieren – 6 **l'échec** *m* ≠ la réussite – 15 **flou** unscharf, unklar

surtout des amis en qui je pourrai avoir confiance, qui seront là quand ça n'ira pas, mais aussi pour les sorties, les voyages.

Super, puis quoi encore ? me répond-elle en hochant la tête. Alors je pense à toi, mais ne dis rien…

Si elle s'écoutait, ma mère n'hésiterait pas à m'imposer une filière qui ne me plaît pas du tout mais qui sonne bien, genre médecine ou grande école… Elle s'en fiche que je m'y épanouisse ou pas. Ce qui lui importe, c'est de se rassurer et de pouvoir, un jour, dire à ses copines idiotes et à ses collègues ennuyeux que je gagne bien ma vie.

Ma mère ne pense qu'à elle quand elle dit que je ne devrais pas reproduire ses erreurs, elle qui aurait pu avoir un "super emploi bien rémunéré" !

9 **imposer qc à qn** jdn zu etw zwingen – 9 **une filière** Studiengang – 12 **qn s'en fiche** ça lui est égal – 12 **s'épanouir** sich entfalten – 20 **rémunéré** payé

Mais ça sert à quoi l'argent si on s'ennuie à mourir dans le métier qu'on exerce jour après jour, sans joie et sans passion ?

Je n'ai pas envie d'avoir la gueule grise et triste des femmes et des hommes que je croise le matin dans les transports en commun. Les cernes de celles et ceux qui, épuisés, s'endorment dans le bus en fin d'après-midi, le visage collé contre la vitre. Une vie avec de l'argent mais sans saveur, non merci, très peu pour moi !

C'est le bonheur que je recherche !

Me sentir bien le plus souvent possible, être à l'aise dans mon corps, et faire ce que j'aime, ce qui me fait rêver, qui m'enthousiasme.

Bon, c'est pas gagné, encore faudra-t-il que je m'en donne un jour les moyens.

8 **les cernes** *mpl* Augenringe – 12 **une saveur** *ici :* Reiz – 20 **se donner les moyens** *mpl* *ici :* faire des efforts

Si seulement il n'y avait pas ce blocage en moi, ce manque d'assurance, cette impression qui me paralyse que je n'y arriverai pas. L'angoisse terrible dès qu'un examen approche. Je manque de m'évanouir, comme si tout ce que j'avais appris allait disparaître tout à coup. Mal au ventre à me plier en deux, envie de vomir ou de crier.

Combien de temps je vais encore rester là à attendre sous la pluie en me parlant à moi-même ? J'ai bien peur que tu ne viennes plus.

Tout ça est ridicule, je dois vraiment avoir l'air bizarre d'un épouvantail détrempé.

Je me suis fait un film, une fois de plus.

Faudrait peut-être que je grandisse…

Agir, ne pas rester là à ne rien faire d'autre qu'espérer je ne sais trop quoi.

2 **l'assurance** *f ici :* Selbstsicherheit – 3 **paralyser qn** empêcher qn d'agir *(jdn lähmen)* – 4 **l'angoisse** *f* une grande peur – 5 **manquer de faire qc** etw beinahe tun – 6 **s'évanouir** ohnmächtig werden – 9 **vomir** erbrechen – 15 **un épouvantail** Vogelscheuche – 16 **détrempé** ganz nass – 17 **se faire un film** *fam* s'imaginer qc qui n'était pas vrai

Je devrais essayer, rien que pour voir ce que ça fait. Plus un prof ne me classerait, dès la rentrée, comme ado à problème, élève désinvolte qui se moque de tout, limite cas social ! Plus personne pour me crier, *tais-toi et tiens-toi bien !* Plus aucune convocation à la fin des cours. Finis les sermons sur mon attitude soi-disant insolente, ou sur mes tenues incorrectes.

De mon côté, je cesserai de provoquer à tout bout de champ, parce que je n'aurai plus ce sentiment qu'on me regarde comme un truc sale à jeter dans la corbeille, une sorte d'erreur de la classe qui n'aurait pas mérité de s'inscrire dans ce lycée trop bien pour moi, qui dérange et gêne tout le monde.

Je rêve de sortir du cercle vicieux : vous me voyez comme ça, c'est pas moi, mais

4 **désinvolte** pour qui rien n'est important – 5 **qn se moque de qc** *ici :* jdm ist etw gleichgültig – 5 **limite** *ici : fam* presque – 7 **une convocation** *ici :* Aufforderung (zu erscheinen) – 8 **un sermon** Moralpredigt – 9 **soi-disant** angeblich – 9 **insolent** arrogant – 10 **une tenue** les vêtements – 11 **à tout bout de champ** tout le temps – 16 **mériter** verdienen – 19 **un cercle vicieux** Teufelskreis

rien que pour vous pourrir la vie, eh ben, je vais être ce que vous supposez de moi.

Je l'exagère, j'enfonce le clou, et je m'entête. À force de me mettre dans une case, les autres me poussent à ressembler à ma propre caricature.

Ce qui n'arrange rien.

Je passe pour quelqu'un qui se met en colère à la moindre réflexion, hyper susceptible, qui part au quart de tour pour des futilités ou des histoires sans intérêt, genre des ragots pour salir ma réputation.

Même si la parole représente quelque chose de très important pour moi, je dois apprendre à me taire plus souvent, à ne plus me laisser embarquer avec n'importe qui sur n'importe quel sujet.

1 **pourrir la vie à qn** *fam* jdm das Leben zur Hölle machen – 4 **exagérer** übertreiben – 4 **enfoncer le clou** *fam expr fig* nicht locker lassen – 5 **s'entêter** sich versteifen – 5 **à force de faire qc** indem man etw tut – 5 **mettre qn dans une case** réduire qn à un stéréotype – 10 **une réflexion** *ici :* une remarque – 11 **susceptible** empfindlich – 11 **partir au quart de tour** *fam expr fig* réagir très vite (et mal) – 12 **une futilité** une chose sans importance – 13 **des ragots** *mpl* Klatsch – 18 **se laisser embarquer (dans une discussion)** sich auf eine Diskussion einlassen

À ne plus avoir un avis sur tout.
J'étouffe, je dois faire un break, trouver une issue.
Promis, juré, je n'arriverai plus en retard au lycée, je ne sécherai plus les cours, personne n'aura à se plaindre de moi.
Une fois que j'aurai calmé le jeu auprès des profs, je pourrai vivre ma vie à côté, tranquille, sortir avec mes amis parce qu'enfin j'en aurai… des vrais.
Ma mère stressera beaucoup moins et lèvera un peu la pression. Et toi, tu n'auras plus à supporter mes coups de sang. Je vais changer, dès maintenant…
Ma métamorphose pourrait commencer tout de suite avec un appel, même très bref, au moins un texto, quelques lignes de toi et des émoticônes avec des cœurs en fin de message.

2 **étouffer** ersticken – 3 **une issue** une sortie – 5 **sécher** *ici :* schwänzen – 12 **la pression** Druck – 13 **un coup de sang** un accès de colère

Dommage que tu tardes à me rejoindre sous la pluie.

Écris-moi, je te répondrai en pesant chaque mot, avec d'infinies précautions pour ne plus te blesser. Je mettrai de l'ordre dans mes idées afin de ne plus jamais te décevoir ou te froisser.

Tu sais, j'ai fini par comprendre ce qui s'est passé en sortant du parc.

Après cette question stupide sur mes origines, j'étais sur la défensive.

La peine et la rage ont déréglé mon discernement et fini par me rendre aveugle.

J'ai préjugé que tu pensais comme eux.

Je n'arrivais plus à te distinguer de tes amis, je ne voyais plus qu'un groupe hostile.

Je regrette tant d'avoir, durant quelques secondes, oublié qui tu étais vraiment,

3 **peser chaque mot** réfléchir à chaque mot employé – 4 **une précaution** Vorsicht – 7 **froisser qn** jdn kränken – 13 **le discernement** Einsicht, Urteilsfähigkeit – 16 **distinguer** différencier – 18 **hostile** ≠ amical

et réalisé bien trop tard que tu voulais me protéger de ceux qui m'excluaient. Sache que tu as toujours été unique à mes yeux.

À l'avenir, je réfléchirai avant de m'énerver et de dire n'importe quoi. Avec toi, je ne partagerai plus que des idées lumineuses.

J'éviterai de te rappeler sans cesse mes craintes, mes complexes, tous ces sujets pas très intéressants, et souvent sinistres, que je ramène dans nos discussions.

Je laisserai le silence s'installer, pour te sourire, tout simplement.

J'ai besoin de tes attentions, surtout quand je me sens comme maintenant, une toute petite chose esseulée, fragile et démunie.

8 **lumineux** *ici :* positif – 10 **une crainte** une peur – 12 **sinistre** sombre, noir – 18 **esseulé** → seul – 19 **démuni** *ici :* hilflos

Il me manque l'intensité de ton regard, sincère et lumineux, quand il se pose sur moi.

J'ai besoin de nos peaux qui s'effleurent et nous donnent le bonheur de savourer nos envies de tendresse.

Même si lors de ces instants précieux, mes gestes sont hésitants, ces minutes que nous dédions à nous me font du bien, m'apaisent et réconcilient lentement ma tête et mon corps.

Tu me rassures en ne me demandant jamais de justifier le refus d'une caresse qui me gêne, et ne réclames aucune explication quand, parfois, l'intimité me trouble tant… que j'en suis mal à l'aise.

Merci de me laisser le temps d'apprendre à m'abandonner, à ajuster mes maladresses, sans jamais t'agacer ni t'impatienter.

4 **s'effleurer** se toucher légèrement – 5 **savourer** genießen – 6 **la tendresse** Zärtlichkeit – 9 **dédier qc à qn** jdm etw widmen – 10 **réconcilier** versöhnen – 13 **une caresse** Liebkosung – 18 **s'abandonner** se laisser aller – 19 **une maladresse** Ungeschicklichkeit – 19 **s'agacer** s'énerver

Sans toi, tout cela me manque cruellement !

Tu n'es pas là avec moi, ici sous les trombes d'eau, mais j'arrive à ressentir ta présence, une sensation forte qui me fait planer.

Si tu me rejoignais, nous ferions la fête, nous irions quelque part écouter de la musique, rire, nous amuser.

Je t'entends encore me répéter de cesser de m'embrouiller avec les autres élèves ; tant pis pour eux et leurs bêtises.

Apprends-moi à passer devant eux sans perdre mon temps à me mêler de leurs futilités. Il faut que je m'y tienne, même si c'est difficile.

Je ne dois pas m'effacer, mais prendre de la hauteur, me placer là, en pleine lumière, m'élever, bien au-delà de mes idées noires !

4 **des trombes** *fpl* **d'eau** *f* Wolkenbruch – 6 **planer** rêver – 10 **cesser** arrêter – 11 **s'embrouiller** se disputer – 12 **tant pis pour eux** Pech für sie – 14 **se mêler** de qc sich in etw einmischen – 15 **une futilité** une chose sans importance

Je dois tenir le coup. Un jour j'arriverai à sortir complètement de ma coquille, quand j'aurai appris à partager mes goûts, mes délires.
Quand ma manière de me présenter aux autres sera enfin acceptée.
Je suis un bloc, composé d'une mosaïque, comme chacun de nous, a dit la prof de français. J'ai aimé ça. Une sorte de fresque avec des éléments différents mais qui, si on y regarde bien et qu'on prend son temps, forment un tout surprenant, harmonieux et attachant.
En moi fleurit un kaléidoscope un peu fou qui change sans cesse, un dégradé de tons parfois ternes et tristes, parfois vifs et flamboyants.
Je me sens des airs de cheval fougueux des plaines de l'Ouest américain, que

2 **sortir de sa coquille** *f* aus sich herausgehen – 4 **un délire** *fam ici :* ce qui fait rire, ce qu'on trouve passionnant – 14 **attachant** *ici :* liebenswert – 15 **fleurir** blühen – 16 **un dégradé** *ici :* Abstufung – 17 **terne** matt – 18 **vif** *ici :* kräftig – 18 **flamboyant** leuchtend – 19 **fougueux** *ici :* feurig – 20 **une plaine** Ebene

personne n'arrive à dompter, avec des taches de toutes les couleurs sur les flancs.

Un volcan prêt à projeter des langues de lave, capable parfois de tout détruire sur son passage… mais en même temps inoffensif, tout doux et tout tendre.

Au fond de moi s'entrechoquent des sentiments contraires qui s'affrontent sans cesse, des envies aussi, jamais les mêmes. Ça tourne, ça roule, comme une tempête très compliquée à maîtriser.

Mais c'est surtout cette piqûre partout sur mon épiderme qui me fait du mal.

Le manque, la solitude, l'absence d'un regard bienveillant qui s'arrêterait sur moi et me bouleverserait, tout simplement.

C'est pour ça que je suis là à t'attendre sous l'orage, rien que pour ça !

1 **dompter** bändigen – 3 **un flanc** Seite – 4 **projeter** *ici :* verspritzen – 7 **inoffensif** ≠ dangereux – 13 **une piqûre** Stich *(ici : fig)* – 14 **l'épiderme** *m* la peau – 17 **bouleverser** erschüttern

Et toi, tu ne me donnes plus rien, aucun signe, c'est franchement humiliant.

Pourquoi il ne sonne toujours pas, ce téléphone ?

Il ne se passe plus grand-chose ici, si ce n'est moi qui fais les cent pas.

Il y a de moins en moins de passants, et la pénombre commence à tout recouvrir.

L'absence remonte en moi, des flots d'aigreur et d'amertume, un poids très lourd à porter. L'absence la plus douloureuse, c'est celle de mon père.

Un immense nœud, un désert.

Il n'est même pas là pour que je puisse lui déverser ma colère !

Me débarrasser de ce fardeau qui me ronge en lui balançant toute ma révolte à la figure, et le voir là, en face de moi, défait. Qu'il partage tout le mal qu'il m'a

2 **humiliant** erniedrigend – 6 **faire les cent pas** auf und ab gehen (**un pas** Schritt) – 10 **des flots** *mpl* Fluten – 11 **l'aigreur** *f* Säure, *fig* Verbitterung – 11 **l'amertume** *f* Bitterkeit – 14 **un nœud** Knoten – 16 **déverser sa colère sur qn** *ici :* seine Wut an jdm auslassen – 17 **se débarrasser de qc** etw loswerden – 17 **un fardeau** Last – 18 **ronger** *ici :* plagen – 20 **défait** *ici :* fassungslos, niedergeschlagen

fait en disparaissant… au moins une fois.

Avant de donner la main à quelqu'un sans prendre le risque d'exploser dès que mon identité est mise en cause, peut-être faudrait-il d'abord que j'évacue cette douleur.

J'y arriverai et, alors seulement, je serai disponible pour partager avec d'autres tout ce qui me constitue…

Jusqu'à rencontrer quelqu'un qui, touché par mes blessures et séduit par mes espoirs, décidera de faire un, deux pas vers moi.

Alors, enthousiaste, je quitterai ma solitude et prendrai mon élan.

Je m'avancerai sur le chemin que nous tracerons ensemble : un côte-à-côte sans préjugés, lumineux, paisible et heureux.

5 **mettre qc en cause** etw in Frage stellen – 7 **évacuer qc** faire sortir qc, *ici :* se libérer de qc – 9 **disponible** *ici :* frei

Nous serons deux à partir dans mon petit monde particulier qui ressemblera étrangement à ma chambre, élargie aux dimensions de l'univers. J'ai tout ça en moi, et bien davantage.

Viens voir mon plafond bleu nuit, piqué d'étincelles de lumière, rien que pour nous. Des étoiles filantes, suspendues au-dessus de nos têtes.

Plonge avec moi dans l'espace infini, à la découverte des mystères du mouvement perpétuel, toujours en expansion. Plus de place pour l'ennui.

J'aimerais poser mes doigts sur ton épaule, sentir les tiens autour de ma taille, ils m'enrouleraient à fleur de hanche.

Frôler ta tempe de mes lèvres, et souffler à ton oreille qu'il faut se dépêcher quand même un peu.

5 **davantage** plus – 6 **un plafond** Decke – 7 **une étincelle** Funke – 8 **une étoile filante** Sternschnuppe – 13 **l'expansion** *f ici :* Ausdehnung – 13 **l'ennui** *m* Langeweile – 16 **à fleur de** presque au niveau de – 17 **une °hanche** Hüfte – 18 **frôler** toucher légèrement – 18 **la tempe** Schläfe

Ne tarde pas trop à venir à moi. Tu verras, fais-moi confiance.

Il y fait ni chaud ni froid, dans mon pays magique, juste ce qu'il faut pour se sentir bien, se détendre. On y flottera dans la légère brume d'un nuage, sur un tapis de mousse.

On va s'envoler, toi et moi, avec des ailes toutes fines comme des feuilles de soie, sans autre appui que l'envie d'être deux. Avec la sensation de pouvoir se jeter en arrière sans peur de chuter, parce que tu seras là pour moi, et moi aussi, pour toi. Une ancre pour nous fixer, en sécurité.

C'est drôle d'avoir pensé à l'ancre, l'océan, faut aller bien loin d'ici pour le trouver… même s'il y a de l'eau partout sur ce trottoir tout moche.

5 **flotter** *ici :* schweben – 6 **la brume** Dunst – 7 **la mousse** Moos – 8 **une aile** Flügel – 9 **une feuille de soie** *f* Blatt aus Seidenpapier – 10 **un appui** Stütze – 12 **chuter** tomber – 14 **une ancre** Anker – 18 **moche** *fam* ≠ beau

Ça commence à s'éterniser… Mais qu'est-ce qu'il se passe ? C'est si grave que ça ce que je t'ai fait ?
Je n'attends pourtant pas grand-chose, juste que tu me rejoignes ici, au bord de la route.
Je ne te promets pas la perfection.
Je t'invite simplement à courir avec moi, la respiration saccadée, le sang qui bat fort dans les joues, les perles de sueur sur le front.
J'ai besoin d'une âme sœur, toujours partante pour l'aventure. Pour vivre ensemble quelque chose de spécial, de puissant, mais sans violence.
Je comptais sur toi pour m'alléger de mes angoisses, pour m'éveiller à la lumière ! Je t'aurais murmuré que j'adore quand tu soignes tes mots, quand tu les cherches, les choisis avec

1 **s'éterniser** durer très longtemps – 9 **saccadé** *ici :* stoßweise – 10 **la sueur** Schweiß – 12 **une âme sœur** verwandte Seele – 16 **alléger** *ici :* libérer – 17 **l'angoisse** *f* une grande peur – 18 **murmurer** parler à voix basse – 19 **soigner ses mots** *mpl* faire attention à la façon dont on parle, aux mots qu'on choisit

tes yeux luisant de joie afin de mieux me toucher.
Dès l'instant où tu me parles doucement, et me souffles que la vie c'est fantastique.
Tu dis qu'elle n'attend que moi.
J'y crois et ne tourne plus en rond.
Je marche sous la pluie qui tombe toujours plus fort. Tu ne viendras pas.
J'ai dépassé les bornes.
Ça rime à rien de se retrouver là sur le trottoir, à patienter sous l'orage.
Commencer à sangloter et ruminer des idées noires.
Je suis complètement à côté de mes pompes.
La tête à l'envers, à faire peur. N'importe qui en me voyant comme ça dirait, *mais t'es super bizarre là, qu'est-ce que t'as ?*

1 **luire** briller – 10 **dépasser les bornes** *fpl expr* aller trop loin – 11 **ça (ne) rime à rien** ça ne sert à rien – 13 **sangloter** pleurer – 13 **ruminer (des idées)** über etw brüten – 15 **être à côté de ses pompes** *fpl* völlig daneben sein (**une pompe** *ici : fam* une chaussure) – 17 **avoir la tête à l'envers** *expr fig* ne plus savoir ce qu'on fait

J'ai honte, au bord des larmes, je tire la même tête que ma mère quand elle déprime. Je n'arrive pas à me contrôler.
Avant, elle disait que j'étais comme elle, trop sensible.
Je fais d'immenses efforts pour ne pas pleurer, mon menton tremble quand même, je pince les lèvres, le sang monte jusqu'à mon visage.
Ça se mélange dans mon cerveau, tout est confus. J'ai peur que ma tête implose, je baisse les yeux.
Pourquoi je suis comme ça ?
Comment ils y arrivent, les autres, à faire tout bien comme il faut ? Ils ont droit à des *oh, super, bravo, c'est très bien, continue, c'est tout parfait, tu es sur le bon chemin, c'est génial !*
Ces garçons et ces filles toujours impeccables, ceux qui sont convaincus d'être ici plus chez eux que moi. Ils sont

7 **trembler** zittern – 8 **pincer** *ici :* zusammenkneifen – 20 **impeccable** parfait

montrés en exemple par les adultes, avec des sourires, de grands yeux brillants.

T'es originaire d'où ?

Et tout ce qui se passe dans mon cœur, ça ne les intéresse pas ?

Je suffoque.

Le téléphone ne sonne toujours pas, je l'observe, je l'épie, rien. Je l'éteins.

Quelle heure est-il ? Toujours rien.

Ça sert à quoi finalement tous ces appareils, à attendre, à espérer en vain ?

Je garde la main tendue vers toi.

Regarde, c'est juste moi, ce petit bout de terre émergé qui résiste comme il peut, perdu au beau milieu de l'océan. Je lutte pour ne pas sombrer.

Les rares passants se pressent pour s'abriter… À croire que je fais fuir tout le monde.

7 **suffoquer** ersticken – 9 **épier** *ici :* attendre qu'il sonne – 12 **en vain** umsonst – 15 **émergé** qui sort de l'eau – 17 **sombrer** untergehen – 18 **se presser** marcher vite – 19 **s'abriter** *ici :* sich unterstellen

J'aimerais que ma vie devienne un jour une histoire incroyable à raconter, avec des suspenses, des surprises et des coups de théâtre. Et qu'à la fin tout finisse bien.

Je dois maîtriser les hoquets même si ça veut sortir, ça fait des nœuds et des grosses boules dans ma gorge.

Surtout retenir mes larmes, déjà que mes fringues sont toutes trempées, on va finir par me croire dingue complet.

Ma bouche, elle, reste sèche, je me sens comme un petit animal délaissé qui traîne sur l'avenue. J'ai les tempes qui chauffent.

Faut surtout pas que je me mette à brailler.

Je bouge les orteils dans mes chaussures pleines d'eau… et la vie des autres passe à côté de moi dans la brume. Je reste là. Personne ne me calcule. Je suis invisible.

6 **des °hoquets** *mpl ici :* Schluchzer – 10 **des fringues** *fpl fam* des vêtements – 10 **trempé** durchnässt – 17 **brailler** *fam ici :* pleurer – 21 **calculer qn** *fam* jdn wahrnehmen

Je t'imaginais illuminer mon orage intérieur de traits multicolores à la manière d'un arc-en-ciel.

Au fond, toi aussi, tu préférerais que je sois quelqu'un d'autre, de plus neutre, qui ne fait jamais de vague… Comme il faut, bien lisse, jamais un mot plus haut que l'autre.

J'ai eu tort de miser mon bonheur sur ce moment où tu apparaîtrais au coin de la rue.

Il est temps pour moi de résister, de trouver une parade avant que l'amertume ne m'engloutisse pour de bon.

J'ai sérieusement l'impression de vriller, mais ça aussi c'est moi… à prendre ou à laisser.

Ne plus attendre encore et encore, m'échapper du tourment qu'est ma vie,

3 **un arc-en-ciel** Regenbogen – 7 **lisse** glatt – 9 **avoir tort** ≠ avoir raison – 9 **miser qc sur qc/qn** *ici :* etw auf etw setzen – 13 **une parade** *ici :* Abwehr – 14 **l'amertume** *f* Bitterkeit – 14 **engloutir** *ici :* übermannen – 14 **pour de bon** vraiment – 16 **vriller** *fam ici :* die Nerven verlieren – 20 **le tourment** la souffrance

sans le secours d'un autre. Trouver les ressources au fond de moi, construire mes propres solutions.

Sortir au plus vite de cette tristesse, de ma mère et de ses attentes, de mon fantôme de père, et comprendre que mon identité n'est pas un problème, même pas une question.

Quand le beau temps reviendra, je n'existerai plus que sur ma planète à moi, une plaine à perte de vue. Aucun regard pour me dévisager, m'observer, ou m'évaluer. Aucune parole venimeuse pour se moquer, pas de messes basses dans mon dos, rien de toutes ces rumeurs qui circulent sur moi à l'école, dans le quartier, et qui bourdonnent à mes oreilles.

1 **le secours** l'aide *f* – 2 **les ressources** *fpl ici :* Kraft – 11 **à perte de vue** *f* so weit das Auge reicht – 13 **vénimeux** *ici :* méchant, mauvais – 14 **des messes basses** *péj* Getuschel – 17 **bourdonner** summen

Plus rien de tout ce qui me fait mal et me donne envie de pleurer ou de me haïr.

Laissez-moi ressembler à moi-même !

Pourquoi ça fait tant peur, la différence ?

Que l'on cesse de me ramener à mes origines, elles disent si peu de moi, juste un abrégé du passé de ma famille… enfin de ce qu'il en reste.

À l'aube de ma vie, je suis en devenir.

L'avenir me tend les bras, un horizon qui m'aspire, j'ai envie de m'y abandonner, à corps perdu !

Il m'aura fallu la solitude, et la vaine attente dans le brouillard, pour comprendre et accepter l'idée que mon identité m'appartient. C'est à moi de la bâtir.

Je la forge déjà, péniblement, jour après jour. Au gré de mes rencontres, de mes

3 °**haïr** détester – 8 **un abrégé** une version courte – 10 **l'aube** *f* Morgengrauen, *ici : fig* le début – 12 **aspirer** *ici :* tirer vers soi – 13 **à corps perdu** *expr* Hals über Kopf – 14 **vain** *ici :* inutile – 18 **bâtir** construire – 19 **forger** *ici :* inventer, imaginer – 20 **au gré de qc** selon qc, suivant qc

lectures, des gens que je croise sur ma route, de mes rares amis, de mes ennemis aussi. Beaucoup de ce que m'a enseigné l'école jusqu'à présent m'aide aussi à me construire, autant que les films que j'ai vus, tout ce qui m'aide à décrypter le monde et à m'en faire une représentation plus précise.

Mes illusions, mes espérances, mes doutes, mes déceptions, mes peines profondes, autant que mes grandes joies : voilà ce qui constitue ma personnalité au quotidien et fait de moi cet être singulier, imparfait mais plein d'envies, une promesse d'avenir.

Ne me reste plus qu'à poursuivre mon chemin. Créer mon propre monde, l'ériger à partir de mes rêves, de mon imagination, et de mes idées même les plus folles.

Il me faudra donner le meilleur de moi-même, apprendre la patience.

7 **décrypter** décoder – 14 **singulier** *ici :* original, unique – 18 **ériger** construire

Plus personne pour s'attarder sur mon apparence et juger tout ce qui en moi ne correspond pas à la norme : mon poids, ma taille, ma peau, ou que sais-je encore ?

Mes pleurs se transformeront en fous rires qui feront briller mes yeux comme des étoiles. Des gouttes d'argent qui scintilleront sous mes paupières.

Je cesserai de tourner en rond autour de mes origines et me concentrerai sur ce qui me plaît et m'intéresse vraiment.

En me consacrant, par exemple, à ma passion pour la nature.

Alors, au lieu de me plaindre de mes petits malheurs et de m'interroger constamment sur qui je suis vraiment, j'utiliserai mieux mon énergie et m'engagerai pour des causes plus essentielles…

4 **le poids** Gewicht – 6 **un fou rire** Lachkrampf – 8 **l'argent** *m ici :* Silber – 9 **scintiller** briller – 9 **une paupière** Augenlid

Un jour je fonderai ce monde-là, un gigantesque jardin baigné de soleil, où chaque être aura sa place.

Et j'aurai enfin des amis, pour s'extasier avec moi, des garçons, des filles qui se rencontreront, sans que quiconque veuille forcer l'autre à changer... Sans lui imposer ce qu'il doit dire, faire ou penser.

Sans critiques ni jugements, surtout sans exclusion des plus fragiles. Tous, à la fois semblables, uniques, et différents.

Avec, pour chacun, l'opportunité de se montrer aux autres comme il est vraiment, ou d'exister tout seul dans sa bulle...

L'orage gronde à nouveau, je me presse de partir, en toute sérénité, il est temps.

4 **s'extasier** s'enthousiasmer – 6 **quiconque** *ici :* quelqu'un – 16 **une bulle** *ici :* un monde fermé et protégé – 18 **la sérénité** un bonheur tranquille

Tant pis pour toi, jamais plus je ne perdrai mon temps à t'attendre. Je dois avancer.

La route qui m'aidera à m'accorder au monde s'annonce difficile, je l'imagine semée d'obstacles, et l'espère longue et passionnante.

Je réussirai à me défaire des regards et des mots qui m'oppressent, m'inventerai comme bon me semble, et créerai librement ma propre identité…

Je cheminerai, de l'aigreur à la douceur.

4 **s'accorder** *ici :* s'adapter, s'ajuster – 6 **semé de** plein de – 6 **un obstacle** Hindernis – 8 **se défaire de qc** se libérer de qc – 9 **oppresser** bedrücken – 12 **cheminer** seines Weges ziehen – 12 **l'aigreur** *f* Säure, *fig* Verbitterung

BIOGRAPHIE

Né en 1968 à Brazzaville, Wilfried N'Sondé a grandi en Île-de-France et étudié les sciences politiques avant de partir vivre à Berlin, où il est resté vingt-cinq ans. Il vit désormais à Paris.

En 2016, il a enseigné la littérature à l'université de Berne en tant que professeur invité. Musicien et auteur de chansons, il se produit régulièrement en duo avec son frère Serge N'Sondé en France et en Allemagne.

Écrivain, il publie son œuvre aux éditions Actes Sud : *Le Cœur des enfants léopards* (2007), *Le Silence des esprits* (2010), *Fleur de béton* (2012), *Berlinoise* (2015) et *Un océan, deux mers, trois continents* (2018). Ses romans sont traduits aux États-Unis et en Italie.

La liste des abréviations

≠	antonyme de
→	mot de la même famille
°	h aspiré (pas de liaison : *le/la* devant un substantif, *je* devant un verbe)
etw	etwas
expr	expression
f	féminin
fam	familier
fpl	féminin pluriel
fig	figuratif
jdm	jemandem
jdn	jemanden
loc	locution
m	masculin
mpl	masculin pluriel
qc	quelque chose
qn	quelqu'un